amores,

líquidos

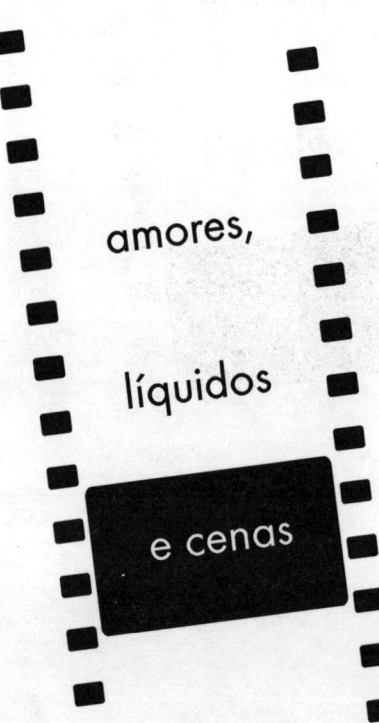

e cenas

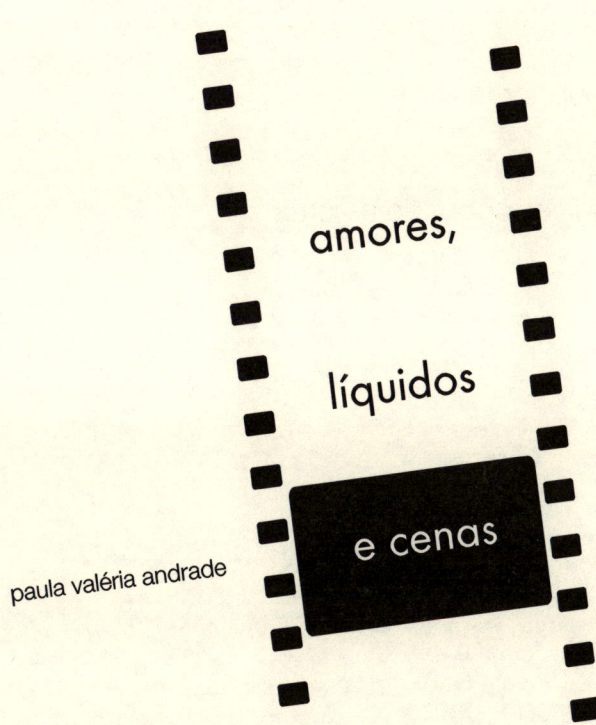

# amores, líquidos e cenas

paula valéria andrade

primeira edição. são paulo. dois mil e dezessete.

LARANJA ORIGINAL

Claudio Willer

Poeta, ensaísta, crítico e tradutor brasileiro.
Com mais de 20 livros, é autor de *Geração Beat*,
2009 e *Os Rebeldes: Geração Beat
e Anarquismo Místico, Ensaio, 2014,* L&PM Editora.
Doutor em letras, pela FFLCH-USP,
em Estudos Comparados
de Literaturas de Língua Portuguesa.

Em um dos seus poemas,
Paula Valéria Andrade
compara uma bela paisagem
a uma "cena de cinema".
Mas isso vale para o livro todo,
por ser tão visual e musical.
Exaltação e exuberância transpiram
por cada poro das páginas,
nestas traduções do que ela chama
de "batuques orgânicos".
À luz do "luar do tempo",
proclama que "a vida é larga como
o gole d'água". Assim celebra
a identidade de poesia e vida:
líquidas, como diz; móveis,
intensas. A mensagem, digamos,
de seus poemas, é que o poeta
pode confundir-se com seu poema;
que há um ponto limite no qual palavras
e coisas, magicamente, se reencontram.
Seu ritmo hipnotizará leitores.

Claudio Willer

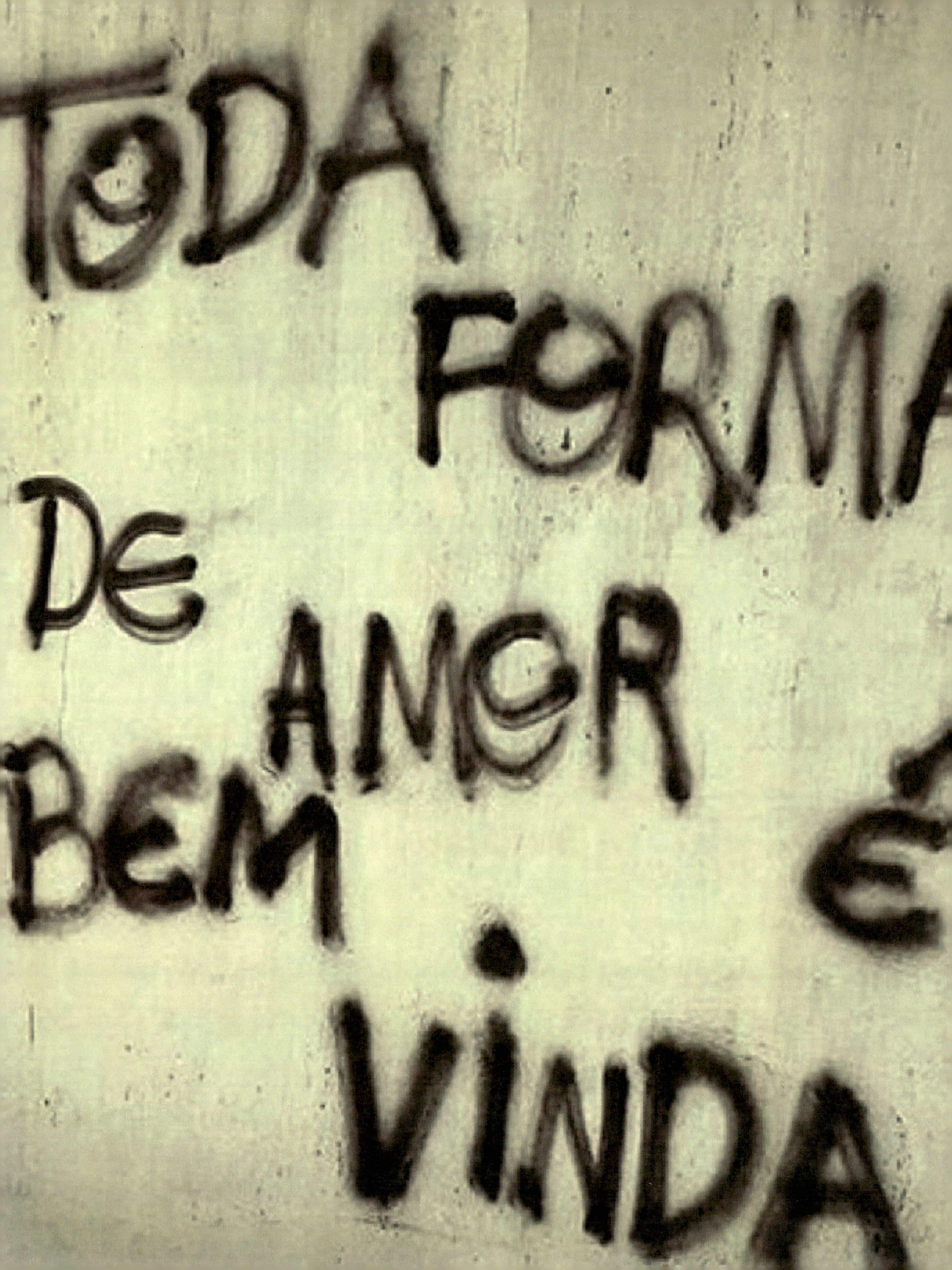
TODA
FORMA
DE AMOR
BEM É
VINDA

vivemos tempos líquidos, nada é feito para durar.

*zygmunt bauman*

a vida contemporânea é caracterizada na extrema fluidez das relações humanas, de tal modo que não existe tempo para construir laços afetivos. fragmentos pincelados são a nova ordem na memória afetiva, de sensações rápidas, intensas. o amor tornou-se líquido, fugaz corre como um rio. a vida é líquida e atravessa contornos.

# 1

a vida é crua. faminta como bico dos corvos. e pode ser tão generosa
e mítica: arroio, lágrima, olho d'água, bebida. a vida é líquida

hilda hilst

# a modernidade líquida

um mundo repleto de sinais confusos,
faz mudar com rapidez e de forma imprevisível,
o que vivemos traz misteriosa fragilidade
dos laços humanos, um amor líquido.

somos mais flexíveis, sentindo ainda inseguranças
sempre e cada vez maiores.

a prioridade às redes, as tramas que as trazem tecidas,
borradas ou desgastadas e desmanchadas ou perfuradas.

indivíduos quebram laços a longo prazo.
perdem a força do abraço.
emaranham atrasos.

ligações amorosas, afetos e vínculos familiares
são profundamente afetados.
riscados e rasgados.

a poesia, a palavra e a percepção fina e apurada,
resgata e busca retratar o tal do quadro.
a grande necessidade do retrato.
o antropológico fato.

sentindo de que forma o homem, um indivíduo sem vínculos,
figura central da contemporaneidade, se encaixa e desencaixa sujeito
híbrido –
em tempos líquidos – como se conecta?

como ainda, se respira cada segundo e se liga um átomo ao outro?
a conexão em si, responde e pulsa.

somos!

# todos tipos de amores

o amor traz muitos amores e
faz amores por todos os lados

dá asas ao cupido,
um menino querubim avoado

tem amores de todos os tipos
de vários estilos dos mais variados

tem amores por todos os lados

por acasos e casos
por paixões e substratos
ou desejos derivados

amores esparramados por todos os lados
de todas as formas
e recados

amores pelos poros
amores pelos sorrows

amores poéticos
amores patéticos

amores pela metade
amores plenos

amores carentes
amores ardentes

amores de ranger de dentes

amores e tristezas
amores e belezas

amores em sutilezas e em destrezas
amores pobres e amores cheios de riqueza

beijos olhares calares
calores e peles e lugares
sabores

sim os amores... ou os ex-amores
o avesso tem tantos dissabores

amores secos e
amores molhados

amores agarrados
amores afastados
amores rasgados

tem amores de todos os jeitos e por todos os lados

amores esparramados

amores perfeitos e
amores desencontrados

amores profanos e amores sagrados

amores que mergulham
e amores que se curam

tem os amores remendados
e os amores calados

e o amor é muito mais
do que um dizer ou explicar
o que há de ser e o que é que há

amor sem definir
amor que é só existir

amor da vida inteira
amor que é só flerte e rasteira,
ou jogo de xadrez

amores de todos os tipos e jeitos e maneiras
amor chama
amor cama

amor, one and only!
amor, my dear honey!

amor da vida inteira

amor da maturidade
amor de agora
amor da eternidade

meu amor te amar é tão profundo,
que amo a vida de verdade

amor ex líquido
amor és solidifico

amor és. etéreo.

je taime mon amour!

delícia
diluir-se
no deleite
da pele

deito
e rolo

gozo

águas
rios
mares

na tua
margem

minha mais
nítida
sólida
cartografia

da miragem
de perfeita anatomia.

## circuito bonito

adoro o leito
quando deito
em seu peito,
navego ancorada
ao seu jeito.

circuito bonito
derramo,
no que der amo
e deleito.

você é meu sujeito
apertado ao peito,
e meu colo invade vivo,
repousa seu solo solar
em mim, em círculos
ao olhar lunar.

circuito bonito assim.

## ao gosto

ama-se quem se ama e
não quem se quer amar.

florbela espanca

ao gosto
cada dia
cada vez,
cada gesto
de seu rosto.

cada gosto,
me lembro
cada coisa
cada aroma
cada dedo
cada gosto,
um bocado
de cada,
e cada bocado
de tanto.

um novo rosto só seu
me lembro,
goza ao gosto.

## poesia anti-melancolia

a poesia vai vadia
desvia via veia
de mão vazia e cor cheia
vai envia vento no véu
do que se vê e não se tem
mas que ardia na tardia
hora do dia
monotonia
remédio de tédio
em desatada sangria
recheio sabor
anti-melancolia.

2013, homenagem a cazuza, museu da língua portuguesa sp

pessoas
trazem
segredos
no peito.

dores
que outros
não leem.

cores
que outros
não veem.

amores
ex-amores

eletricidade
e mecânica avançada
de motores,
batuques orgânicos.

ah! coração...

composição de calores,
em plena propulsão.

## heart beats a *beat* heart

people
bring
secrets
locked in the chest

pains
others can
not read

colors
others can
not see

lovers  ex-lovers

electricity
and mechanical advance
organic engines beating
of the emotion

ah! heart...

composition of heat,
in the fullest propulsion
of deeply confusion

a vontade
é uma fome
que volta.

voltagem
aviva
gente.

avesso
vestido,
inverso
ao volátil.

universo certo.

## will wish

the wish

is hungry
and gets back

voltage
enlivens
people

up side down
dress up

reverse
the volatile

perfect is
the universe

# 2

ama-me, é tempo ainda

hilda hilst

## alvorada no céu de Santa Cecília

3 ou 4 luzes
se trocam lá fora
da janela lampejos

pink alvorada
laranjapeach
amarelo translúcido contraste

serenidade no silêncio varrido
colorido entrelace

prédios edifícios
recortes de quadrados e antenas
luz serena

você na mente,
e na frente da minha cena
urbano poema

meu?

## descabelado amor

afinal eu aqui,
ralando o pé na estrada
e enfiando o pé na jaca,
entre afazeres e quereres
que não importam mais nada.

algumas chuvas são bonitas na praça,
outras enxurradas.
irreverentes falam, passam e surdos-mudos-cegos
não escutam, lutam.

a poesia escorre pelos orifícios da cidade,
em alarde que arde, finca semente.

eu amo você profundamente,
do lado avesso do pente.

e assim,
a vida é larga
como o gole d'água.

sentidos

pele linha exterior que revela
e expõe o complexo interior.
a cortina aberta da beleza.
união e estranhamento.
ardentes ardências.
leveza desdobrada no flexível.
o envolver de todos os sentidos.

## sentidos

la piel línea exterior que deja
al descubierto la complicación interior.
la cortina abierta de la belleza.
la unión y el alejamiento.
ardientes y ardenties.
la luminosidad desplegado en flexible.
la envoltura de todos los sentidos.

# pôr do sol em ipanema

amo a rosa
linha que divide

o verde no azul no mar,

o ver-te do te amar

o olhar horizontal e tal

céu azul sem igual

verdes águas mansas,

no coração de ipanema

onde meu pé descansa
e flutua,
na sua

cena de cinema

## lua linda lá fora

lua linda, linda lua
ilumina o caminho
traz beleza no luar
traz leveza para se amar
leva meu beijo para o bonito,
que está bem perto do mar.

rio de janeiro

tão longe
perto
por certo
incerto
você
completo
tão longe
perto
você
presente
você
distante
você
instante
tão
longe
perto
saudade
vontade

tão
certo
tão
perto
porém
distante
você
por perto
no peito
por certo.
tão longe
perto
você
constante
tão longe

perto
você
ausente
presente
tão
perto

tão
certo
tão
delirante
você
amante
tão
longe
tão
perto
tão
dentro
do que é
importante

so far
so close
for sure
uncertain
you
complete
so far
so close
you
present
you
distant
you
instant
so far
so close
missing
wishing
kissing
so right
so close

(not so far)

## sereia sensação

universo paralelo
meu particular,
lampejo

sinto deslizarem
mãos
cabelos
por entre
pelos
dançam

rodopiam
balançam
cada beijo
cada beijo

cada estreito no peito
seu jeito e trejeitos
barba roçando,
corporodarodopiando

bailando
bailando

bombeando
artérias
no peito
esquerdo
de que só
por você,
na batida
do pulso,
uma onda sonda
só por você

estremece e vem e me traz
o que tenho
de oceânica
e profunda,
ao navegar no teu mar,
de mergulhar e te amar

## amor forte como a sorte

somos
varias
pessoas
signos
personas
sistemas
desdobramentos
teoremas
somos

*váriasramificaçõesemumsó*

somos livres e somos nós os nós dos sós
costuramos e inventamos e desatamos por dentro

e no respiro de quando
piro
paro

e respiro
profundo
do poço
ao fundo

resgato e respiro
amor
amparo
beleza
leveza
ar da profundeza

amor renovado
veia aberta à superfície da terra

forte transformadora e fértil,

firme, mesmo assim. frágil, ainda assim

variados nós da trama do amor perdido

amor da terra,
traz boa sorte
é amor forte

amor suado e perfumado
de fertilidades súbitas
das raízes profundas
de frutos bonitos
do seu arado e labuto
– amor sorte –

poesia em desnudo

em ares de viajantes
de antares muito antes (*)
assoviando ao vento, sonoro aroma
em sabores preparados,

ao luar do tempo

(*) Antares vv – é uma estrela binária, a mais brilhante na constelação Scorpius; seu componente principal é uma super-gigante vermelha.

## amar como a ti como em si

relação infinita e incessante
te amo a cada instante.
sua voz é ouvida, a presença sentida,
sujeito único, especial e digno de amor.
só no outro posso saber quem somos,
e se ainda andamos dignos de amor.
passíveis possíveis de reconhecer, a doce validação.
identificação e a beat emoção com o que nos amou,
entendemos a necessidade de amor existente e latente, água fervente.
percebemos a beleza de sua singularidade.
e amamos o outro identificado. amores projetados.
e buscamos a imagem mental genial,
atuando nas definições do eu e do outro. vasculhamos clarezas.
suplicamos uma relação profunda e humana soberana.
algo mais do que uma relação somente animal-carnal.
profundeza do que for transcendental.
sociedade de puras incertezas, emoções ventanias de vapt-vupts,
rumores praguejam como tambores. o amor nos é negado.
amores líquidos, fraturados. é negada a dignidade de ser amado.
o amor rasgado e jogado na sarjeta.
a comercialização da beleza.
época fluida e de baratas soluções e prescrições de bulas de amar
ou do amor, sim estão cada vez mais vencidas, fluidas ou banais,
formais ou mesmo tanto faz em certeiras mandingas,
receitas e anúncios de jornais.
o caminho da sociedade poderia ser a sombra torta
de um processo de desencantamento.
puro mórbido sofrimento.
síndrome maníaca de criar arrependimento.
ainda assim decidi, te amar como a ti, como em si mesmo.
por dentro e por fora do pensamento.
no pulso que pulsa o pulso da vida.
amor de flor brotando no cimento.

## coração verde

para uma pele
de veludo verde
cartografia de um querer

você por perto
mais certo e por dentro
ao centro do meu    eu    seu
verde verdejante

fluxo de aguas
sagradas
lavadas
profundas

gravadas no miolo
do mapa

## green heart

as a green velvet skin,
mapping a will
– you close by –
surer and inside
the center of the
mine   i am   yours
a green deepest green's
side

flow waters
sacred
washed
deep

blueprint
in the core
map

## flores na vox

por um jardim de intenções
de flutuantes emoções

você me acolheu
veludo de pétalas abertas
de flores na voz

senti o luar antes dele chegar
um presente dos deuses acolhido hoje
perfume no olhar na voz pulsante ao falar

invisível despetalar
aos timbres de beleza, harmonia
gentileza muito além do simples desfolhar

sua voz na minha cabeça

tanta leveza e destreza
um charme degustar te escutar

sua voz na cabeça faz dançar dançar dançar dançar dançar dançar
dançar dançar

sim. oui. clair de lune de debussy ou amy winehouse. oh, yes, oui!

flores que trazes embrulhadas, na voz aveluda

voz de flores que recebem com frescor a vontade de abraçar
se submeter e admitir existir e acolher.
tudo isso me vem de você. cada poro e pólen. cada timbre, sim. assim.

sua voz na minha cabeça desenha veludos vocais embrulhando as frutas
saborosas dos quintais
ama tanto e revela a voz viva voz
você vibra vox na raiz

sua voz na minha pele e dentro da cabeça reverbera em estampas
tatuadas de presença

pelo tom na intenção
do coração preso à manga

pulso do braço na ponta do abraço

lá está você. sim. você. todo. você

e me faz bem querer bem a quem me fez bem
e me fez bem querer bem a quem me faz bem

e pulsar
e luar
e nadar
no mar de amar
da voz

e nadar no luar no meio de nós

ah! sua voz na minha cabeça
ao que você me fez mergulhar
e profundamente me aconchegar.

## você é a minha parada

e a coisa mais divina que há no mundo,
é viver cada segundo como nunca mais

vinicius de moraes

você é meu céu
meu mar
meu chão
meu luar cheio
em meio ao sertão
sou água
sou terra
e voo contigo pelo ar
de tanto
tanto te amar
sei voar
sou fruta no pé
sou musgo na pedra
ou o som das asas
sou a transparência da vidraça
sou o vento no assovio
o calor da lenha
o abraço que te envolve
e incandescente acende
e o fluxo dos rios traz a força
que entrelaça nossas mãos
e redesenha os atalhos dos dedos
mãos juntas e coladas
em qualquer quebrada
ou curva de estrada
de asfalto, pedra ou água

## céu mineiro estrelado

sob o som de estrelas
sob o céu espirrado
de luminosos pontilhados
entrelaçados

salpicos de lugares
luzes
brilhos
olhares

imenso contraste
estrelas entre os ares

sob o calor do teu abraço
e bem dentro de teus braços

você tão perto
do universo por certo
e assim, tão inteiro
me aconchego em teu cheiro
me aperto bem perto
me perco em teu peito
me solto toda toda
ao brilho olho nos olhos

sob o céu de diamantes
a fuga vem no voo da longitude,
do teu largo imenso abraço

luzes lá embaixo,
pulsam na cidade

iluminados somos, de saudades
e mais sonhos e vontades.
pulsamos

meu coração bordado,
todo costurado
pós-dilacerado
deleita em você
azul, rosa e dourado,
todo no desenho pincelado,
adormece entrelaçado e
desperta bonito e curado,
saído de um sonho
encantado de um herói
simplesmente apaixonado

transborda o bordado

## uma vontade louca assim

tenho um amor fresco e
com gosto de chuva
e raios e urgências.
tenho um amor que me
veio pronto, assim,
água que caiu de repente,
nuvem que não passa.

caio fernando abreu

uma saudade assim
vontade louca assim
língua voz
fala sussurra
beija se abre e enrola
lambe festeja
te ama deixa rolar na deixa
ao bronze dourado do sol
e ao som macio voz de veludo
loucura benfazeja
ao beijo e ao soar do mar na brisa
goza  goza goza goza assim
enfim afim assim ohhh sim
tesão todo te amar todo
tão dentro sem fim
no mar navegante
das águas borbulhantes
flamejantes e correntes
fluxo flutuante
dentro de mim

loucura boa, sim

você assim,
só para mim
de pé, sorridente
bem na minha frente
bom demais para ser verdade
ora na estrada
ora cena de cinema
ora na cama

sempre bacana
sempre um poema

grande e potente
firme e caliente
assim eloquente,

telúrico mercúrio
cavalheiro ardente,

simplesmente, você!

i love you baby!

Conheço TODAS as cores do Arco-íris com você
Conheço TODAS as cores do Arco-íris com você
Conheço TODAS as cores do Arco-íris com você
Conheço TODAS as cores do Arco-íris com você
Conheço TODAS as cores do Arco-íris com você
Conheço TODAS as cores do Arco-íris com você
Conheço TODAS as cores do Arco-íris com você
Conheço TODAS as cores do Arco-íris com você
Conheço TODAS as cores do Arco-íris com você
Conheço TODAS as cores do Arco-íris com você
Conheço TODAS as cores do Arco-íris com você
Conheço TODAS as cores do Arco-íris com você
Conheço TODAS as cores do Arco-íris com você
Conheço TODAS as cores do Arco-íris com você
Conheço TODAS as cores do Arco-íris com você
Conheço TODAS as cores do Arco-íris com você
Conheço TODAS as cores do Arco-íris com você
Conheço TODAS as cores do Arco-íris com você
Conheço TODAS as cores do Arco-íris com você
Conheço TODAS as cores do Arco-íris com você
Conheço TODAS as cores do Arco-íris com você
Conheço TODAS as cores do Arco-íris com você
Conheço TODAS as cores do Arco-íris com você
Conheço TODAS as cores do Arco-íris com você
Conheço TODAS as cores do Arco-íris com você
Conheço TODAS as cores do Arco-íris com você
Conheço TODAS as cores do Arco-íris com você
Conheço TODAS as cores do Arco-íris com você
Conheço TODAS as cores do Arco-íris com você
Conheço TODAS as cores do Arco-íris com você
Conheço TODAS as cores do Arco-íris com você
Conheço TODAS as cores do Arco-íris com você
Conheço TODAS as cores do Arco-íris com você
Conheço TODAS as cores do Arco-íris com você
Conheço TODAS as cores do Arco-íris com você
Conheço TODAS as cores do Arco-íris com você

LOVELOVELOVELIVEL
OVELOVELOVELIKELO
VELOVELOVELIVELIKE
LOVELOVELOVELIVEL
OVELIKELOVELIVELIK
ELOVELOVELOVELIKE
LOVELIVELOVELIKELIF
ELOVELOVELOVELIVE
LOVELIVELIFELOVELIK
ELOVELOVELOVELUC
KLOVELIVELUCKLOVE

LOVELOVELIKELOVEL
OOKLIVELIKELOVELO
VELOVELOOKLUCKLIK
ELOVELOVELOVELIVE
LOVELOOKLOVELIVEL
FELIKELOVELOVELOV
ELOVELOVELOVELOV
LOVELIVE&LOVELIKEL
UCKLOVELOVELOVEL
OVELOVELOVELOVEL
KEALIVE! LOVEYOU.

## o rumo na rota do amor

vida é o som do não, do sim,
da pata do poeta: acrobata.

olga savary

perdida no volante em busca do rumo,
avisto verdejante no gramado o sussurro,

o amor tem curvas na estrada
viradas e quebradas e boas baladas

o amor faz traquinagens
bobeiras e derrapadas

acaba com seus planos e revira-os em possibilidades maiores e mistérios
enormes

ele é mais do que ração, pão, macarrão; ele é o todo seu tesão, amor, sua
enorme emoção

é beijo roubado no portão e musica acalmando o coração

o amor bate na porta da aorta na viela torta, ele se enrosca e se entorta
pra caber aqui dentro do cantinho do peito, bem esquerdo, ao jeito

o amor sabe tudo.
e faz arder e levitar. sorrir
chorar

curtir e se enroscar
dobrar e se desdobrar
se retratar
e ter que perdoar

o amor se faz maior
ao se amar,
faz melhor
ao se dar
nunca faz o caminho reto (e qual o certo?)

o que se vai
nem se controla
desvio de rota

tal rumo sem prumo
ou direção de um coração,
tão incerto e certo assim, pierrô oposto arlequim
e aqui de mim tão perto,
no meu cheiro moça de jasmim
chá de afeto

rumo certo,
bem dentro assim

rota sem fim

## para sempre | forever

forever and now
agora é a hora!
viele kusse meine liebe
toujour, mon amour
je veux tout avec vous
já o amanhã .... je ne peux pas dire,
so how can i know? o que será?
pode ser tudo e pode ser nada
pas que au revoir et à la prochaine!
the universe conspires in our favor!!!
l'univers conspire en notre faveur...
das universum verschwört sich zu unseren gunsten!!!!
o universo conspira ao nosso favor, para sempre.

forever is now !! forever is won !!

# 3

amamos tanto e a perda é cotidiana e infinita.

hilda hilst

## impulsos

os impulsos cruzados do que
sinto, disputam quem eu sou.

ricardo reis

esses impulsos cruzados
do que sinto e penso

disputam no meu pensamento
a razão ou a reação

das coisas que não
espero e nem sempre quero

das coisas que arrombam a porta
assombram a aorta

e por via torta dominam
minha ação sem domínio

ignominio do que desejo ou quero,
em estado de paz

e até lá,
tanto faz

e eu, entendia as coisas
sem nem entender que,
não estava entendendo nada

## a casa do amor

apaixonada
saquei minha arma
minha alma
minha calma.
só você não sacou nada.

ana cristina césar

a casa que o amor construiu
e as muitas bases de sua fundação,
trincou, criou rachaduras, ruiu
perdeu os blocos básicos de gentileza
1/2 falta de paciência
e de jeitinhos e carinhos
contornos de belezas
e aconchegos no cuidar uns dos outros
sim, plena ausência corrói e o desgaste
acaba por tudo desmoronar

naufragar sem mar

o amor azedou
naufragou amargo na falta de respeito
transbordou

a tinta puiu e escamou
mofo se criou
o piso trincou
heras subiram
por dentro dos canos
pelas paredes afora

o louco amor
afeição compassiva e amorosa
de um romance contemporâneo
a moda antiga

perdeu o respaldo pelo sujeito

síndrome de rasgar
o lado esquerdo do peito

## o amor cria

passou grande tempestade por
nós. tudo ficou úmido. vamos
esperar outros sóis

paula valéria andrade

assim como planta
passível de praga,
pequenas bolinhas de bolores
ilustram e redesenham
o verde paz das folhas

assim como a chuva mantém os fungos férteis

o amor cria mofos
e toxinas repentinas

invisíveis chagas
como pragas
que assolam

o solado de borracha
do meu afeto

retiram meu chão
quebram meu teto

desviam meu olhar reto
e me distanciam por completo
dos dias de sol

chega trovão

faz tempestade
todo tipo de alarde

granizos amassam metais
retratando que as matérias são banais

as bactérias dos fungos (do mofo) do amor

mofos – fungos – bolor

são invisíveis assédios
podem ser letais

o amor cria e desfaz
tudo aquilo que não controlamos,
e no fundo, no fundo mesmo,
tanto faz o que nos traz

o sentimento é o sentido do movimento

a cura e a limpeza
a destreza e a beleza,
traz parte da natureza

como a sombra, a lua
o sol, o calor e a luz
a água que nos liquidifica,
o2 que nos protege

e toda sorte do que nos aquece,
nos seduz

o amor cria e procria entre umidade,
calor secura tempo escuro e luz

como sóis azuis

## love creates

a big storm passed us.
eveything was damp.
let's hope other suns.

paula valéria andrade

as a plant
susceptible to plague,
small mold balls
illustrating and redesigning
the light green peace of the leaves

as the rain keeps fertile fungi

love creates mold
and sudden toxins

invisible wounds
as pests
devastates
in distress

rubber outsole
of my affection

remove my ground
break my roof

it turned my gaze straight
and distanced me completely
of the days of sun

thunder arrives

it makes storm and
all kinds of blazingboost

hailstones knead metals
portraying that matters are all banal
the bacteria of fungi (mold) of love

mold – fungi – mold

sieges are invisible and
may be lethal

love creates and undoes
all that we do not control,
and deep, very deep down even,
whatever it is that it brings

the feeling is the sense of movement

curing and cleanliness
the skill and beauty,
brings part of nature

as the shadow, the moon
the sun, the heat and light
the water made us liquefies
and the o2 that protects us

and all sorts of luck that warms us,
and seduces us

love creates and breed it all of moisture,
heat dryness time dark and light

as suns shining blues

## poema barato

perdi a doçura
a paciência
perdi a decência
a incumbência
duvidei da ciência
delirei na demência
de buscar o que
não tem endereço
nem adereço
de convencer alguém
a sucumbir o tal do quem
desvendar o tal do além
correr pra ficar aquém
e nada disso dissolve
como um alka seizer
um remédio qualquer
de acabar com o tédio
acabar com o silêncio no prédio
e tanto faz ou não correr atrás
o delírio me invade por todos os poros
por eu acreditar em verdades
mas elas não existem não existem jamais
são versões sempre reatualizadas
caleidoscópios de espelhos recontados
das sombras projetadas e monstros
que sobem dos esgotos das calçadas
e fujo dessa gosma amalgamada
e das meias verdades lavadas
costuras enviesadas
cada um conta a sua verdade
sua versão da realidade
mas o que transborda da flor despetalada
é a vontade de botar o pé na estrada
e cantar uma canção inventada ao costurar uma palavra ao sopro do vento

e no olho do caos, buscar alento no que desenha o encantamento

dilema de renascimento

my love is not cheap parfume
it is not cliché photo as picture in frame
– in the fridge –
my love is fine touch,
it is not the same bullshit
or is just playing
jokingly games

my love is rock,
like an iceberg points
on the edge of the glacier

my love is no text message,
but ... a REAL Love-Story!!
and, delineated contours ...
visualize Corcovado - beautiful live and in the picture.
or even, the mountain of sugar in Rio,
baby sugar!

my love ...
it is not crazy or is fugacious,
it is affection of a heart,
the path of the mind
more quiet and sagacious

and I do not even need to say,
that my love is profoundly,
deep

only 4U babe!

## perfume barato

meu amor não é perfume barato
nem é foto clichê de porta-retratos
– na geladeira –
meu amor é fino trato,
não é besteira
nem está jogando
só de brincadeira

meu amor é rocha

como um iceberg que aponta
a ponta da geleira

meu amor não é recado,
é love-story!

e de contornos delineados...
tipo o corcovado - bonito ao vivo e no retrato.

ou até, a montanha de açúcar no rio
baby sugar!

meu amor
não é loucura ou é fugas

é carinho de um coração
ao caminho da mente
mais tranquila e sagaz

e não preciso nem dizer,
o quanto meu amor é profundo,
profundo demais

só por você!

IRouv**IROU**virou**VIROU**virOU

**VIR**ouvirouvirouvirou**VIR**OU

virouvirouvir**OUVIR**ouvirou**V**

**IROU**virOUVIRouvir**OU**virou

VIROUvirOUVIRouvirou**VIR**o

uvirou**VIROU**virouvirouvir**O**

**UVIR**.ouvirouVIROUvirOUVI

RouvirouvirouVIROUvir**OUV**

**R**ouv**IROU**virouvi**ROU**virouv

**ROU**virouvi**ROU**virouvirou**V**

**ROU**virOUVIRouvirou**VIR**ou**V**

/**IR**ouvirouvirouvirou**VIR**OU

/irouvirouvir**OUVIR**ouvirou**V**

**ROU**virOUVIRouvir**OU**virou

/IROUvirOUVIRouvirou**VIR**o

ıvirou**VIROU**virouvirouvir**O**

**JVIR**.ouvirouVIROUvirOUVI

ROuvirouvirouVIROUvir**OUVI**

ROuv**IROU**virouvi**ROU**virouvi

# OUVIR VIRA RELAÇÃO

quem de dentro de si não sai, vai morrer sem amar ninguém

vinicius de moraes

setenta e um

## flores falam o que exalam

quem é que quer flores
depois de morto? ninguém

j. d. salinger

dê-me flores vivas,
e, por favor, me dê durante a vida

traga aromas vários
inunde meu quarto de cheiros,
cores e movimentos
de pétalas e formas

traga flores hoje
perfume meu dia
espalhe alegria

é preciso flores agora e sim
a delicadeza de seus mistérios de romances
beija-flores e borboletas,
biquinhos e beijinhos
entre pétalas e facetas,
fica o mel que se aproveita

não espere que eu me vá
traga flores antes disso
vamos partir um dia,
você sabe,
pode ser triste
pode ser suave
mas as flores falam

ah... e como exalam e expressam
o perfume que roubam de ti
na poesia do mestre cartola,
e na euforia de quem as recebe
e se enternece

inesquecível é receber um buquê!
fazem o amor
tocar e ficar mais perto
elas são em si o próprio gesto
o afeto manifesto
aquecem o belo, por certo

não espere que eu me vá
não me dê flores só no funeral
por favor lembre-se disso e dê-me flores agora,
dê-me flores sim a toda hora,
ame as cores que trazem tecem aquecem
e assim lembrem você

mesmo quando for depois de não sei o que, daquela data que não sei
mais dizer

o aroma exala amor

## roleta russa

antes de tantos meios bons,
chega-se ao fim.

antes do recheio,
acaba-se o recreio.

é mais um fim,
no meio de tantos começos
que nunca chegam ao – longo do – meio
e logo acabam,
num sim sem fim.

final finalizando o sim, enfim.

é tipo assim,
um modo de sempre acabar,
sem nunca continuar
e saber no que vai dar.

e viver o que vier e der,
se puder. e quiser.

com ou sem lua na rua.

loucura – não e sim – viver assim,
uma sucessão de fins não afins.

pessoas não sabem mais como e quando se amar
se encontram, se espelham lagos
se usam, navegam, se exploram e se abusam,
se experimentam, alhos com bugalhos se emboloram e logo não se toleram.
se reclusam no desuso.
lacram o coração, obtuso.

e a paixão de vulcão

vira tormenta furacão.
tolerância zero e lero-lero
jogo de empurra-empurra e artimanhas,

e há quem sempre fica na manha e nem se assanha,

esperando o fato, de que sempre ... sempre se ganha.
qual barganha?

sempre é um lugar que nunca, permanece.

como se o coração,
fosse uma roleta russa
de grande e tamanha façanha.

ou, como se o valor do invisível coubesse oco ao nobre som do indizível.

vida livre, solta e bela,
vem marca, surpreende e nos arranha.

## desamor líquido

deságua

desamor

desata

deságua

lagrimas

línguas

gotas

rios

mares

banhos

chuvas

deságua

desata

desbanhada dor

deságua

água doce ou salgada

deságua

lava e leva

o desamor

leva leva e lava

derrama toda

água

## a hora do trem

peguei o trem noturno
na aurora da minha madrugada
para belém

nem vem que não tem

eu não vou ficar
com alguém,
que é só desdém.

adios.
passar bem.

tchau!

## the train hour

i took the night train
on my early morning
to bethlehem.

nor it does and not it makes any sense

i will not stay
beside someone,
as whom only gives me
dismissively.

adios.
good bye!
have a good day.

## desatino | destino

all travelers,
whether they want or not,
are changed.

no one can travel into love
and remain the same.

Rumi "Shams Tabrizi"

a curva da estrada
quebra de novo na quebrada

a curva derrapou
caiu rolou sumiu

cadê você na curva?

paramos sempre no mesmo ponto

cadê a curva da estrada?

aonde foi parar a tal da parada?

meu mar de amor de mel dissolve sua gota de vinagre
e tudo se mistura

aonde foi parar o freio de breque?

cadê a porta da nossa casa e vida passada?

aonde foi parar o tapetinho de bem-vindo na entrada?

loucura pura perder a doçura

água raz não dissolve rapadura
os copos quebraram, os cacos no lixo, cortaram o pé do vizinho

me tranquei com cadeado
bem lacrado

perdi a chave do ninho.

SOBRE DAR PÉROLAS
AOS CISNES
SIMONE SISS

me despedaço
da casca

desconstruí
minha lasca

crosta
do pó

oroboro
sem nó

far e well farewell f a r e w e l l

i fell apart
of the bark

deconstructed
my splinters

crust
of powder

oroboro
unknotted

## como um sonho dourado

devias vir
para ver
os meus olhos tristonhos
e, quem sabe,
sonhavas meus sonhos
por fim

cartola
(da canção as rosas não falam)

adentrou minha vida
me convenceu logo de partida
que muito me amava

beleza de história contada

acreditei, me joguei
pintei estrelas no céu
ergui castelos de papel
escalei montanhas de açúcar
mergulhei no teu mar
viajei

agora,
fico pensando
onde perdi a curva,
onde não molhei com a chuva,
e porque tudo secou

as flores murcharam
vejo pétalas no asfalto

tapetes de belezas do efêmero como borboletas

nos meus devaneios, desatinos
quieta com os botões, imagino
um dia de sol lá fora
as cores de jardins floridos
as voltas de um castelo dourado

e você, bem bonito
bem aqui, ao meu lado

saudades da primavera
lá fora, outono velado

**poem**

to love
is to be around,
moreover, in a smooth
round mood

**poema**

amar
é estar em torno,
com humor suave
e redondo

SE
TUDO FOSSE
DIFE
REN
TE
?

## calor blues

fecho os olhos
sinto saudades
do você que existia antes
todo dia ao meu lado
e se foi assim
e assim foi-se e
assim se vai
na vida afora

fechar os olhos me faz sonhar um bocado
com você me beijando ao meu lado

fecho os olhos e todo o meu amor se aquece
fecho os olhos e todo o meu amor se derrama e alastra

fechados os olhos, o amor se entrelaça e tece sonhos
rasga pontes e constrói castelos com florestas azuis

se lembra daquele dia daquela hora e que na hora foi tão banal,
e hoje sim, hoje virou pedra fundamental no filme mental
desenho do traço inaugural entre eu e você. sim, nós dois

lembro cada detalhe a cada passo de cada contorno
da meia luz e do perfil do meu amor todo esse meu louco amor
o meu amor imenso e louco esse amor por você e só por você ilumina uma
sombra na parede sufocando a cera da vela que incendeia
desde a cor do vidro até a madeira da cadeira
sinto o cheiro dos bons momentos ainda naquela blusa ou no casaco
aromas falam as vezes muito mais que muitos retratos

saudades de uma expressão qualquer da tua presença
uma manifestação física da tua ausência
ser forte não é uma questão de tamanho ou potência
e sim da mais profunda querência

e o ritmo quem dá é a música e não a dança
um segue o que o outro encanta e balança
ao seu tom ao seu sabor ou rodeios do amor

cada ausência me traz um medo obscuro do escuro
fecho os olhos e lá está você bem feliz e seguro
                                        fantasia plena de cena de cinema
e meu amor cada vez mais cada vez mais cada vez mais destilado e puro
como um drinque bom, no escuro

## sociedade do cansaço

se há um só tempo
do acontecimento
tudo a um só tempo
se tudo é o tal do acontecimento
nada de fato
em si
acontece
tudo efêmero
espasmo fugaz
de segundos
gritos fúrias ecos
ecoam distantes
e vem outro
com gritos e fúrias
e um segundo adiante
já não será
o que era antes.

logo, não se sabe pelo que se grita e pelo que se enfurece, mas
imperativo é seguir gritando e se enfurecendo.

sem perguntas. certas ou tontas.

cansados e temerosos de tudo, de todos e dos poderosos.
seguimos zumbis andantes e náufragos flutuantes e nos auto
presenteamos com mais bugigangas digitais – a mais – e sempre demais.

pensamento ausente relocado no reflexo imperativo de preencher vazios,
com palavras.
nadas imediatos continuam sendo nadas. ou coisa pior. ocas coisas soltas
ocas.

quando tudo é urgência nada é urgência.
nada se faz mais emergência

o vazio faz cena e teatro, da tal clemência.
sendo um tal presságio, da demência.

sociedade do cansaço
em estado de emergência

amalgamados de sofrer
e tanto querer
querer   querer   querer

alagados no reclamar
sem saber como parar

repetições de ineficiências
síndromes de ausências
profusão de totens de aparências
espasmos ao respirar

aonde mesmo, foi parar o luar?

lua  lua  lua que vagueia com sua luz cheia
na noite e no vazio escuro que nos permeia e incendeia.

título: termo inspirado no livro sociedade do cansaço. seu autor é o filósofo: byung-chul han.

## a era do desencanto

valores varridos e jogados tal pó ao vento

pouco interessa,
a hora do tempo

no tecido social as camadas entrelaçam
e sobrepõem

pouco interessa qual
hora do tempo

ancoradas em dimensões práticas do saber e das noções

pouco ingressa a hora do tempo

status entre as nações
pouco ingressa o pensamento

a imaginação é muito mais fascinante que a realidade

tanto faz a hora do tempo

o onírico transcende em ludicidade

tanto faz e a qualquer momento

as ideias são bem mais interessantes

produzem movimento na realidade

tanto faz o tempo e a saudade

costuram a teoria toda
na linha da bainha dobrada da tal praticidade

produzem movimento e provocam modificação radical no tempo

rolam, produzem e geram movimento modificando o teto do tempo

o desencanto desenrola o rolamento do real em modo de mudança no
tecido da contagem do tal do tempo

derrama imaginação às hélices do moinho de vento

esmaga o contentamento

il próprio gusto del tempo
nel loro pensiero (*)

(*) a próprio gosto do tempo
em seu pensamento.

4

costuro o infinito sobre o peito.

hilda hilst

## a vida muda

a vida muda. a vida vira.
a vida gira.
a vida gira e muda e embrulha tudo o que você já plantou.
a vida muda.
muda e renasce semente do que você um dia já regou.
a vida muda, calada,
brota semente do que se plantou.
a vida surda, amolada
do que nunca se falou.

a vida muda os planos do que você já traçou.

a vida traça o papel dos planos que você planejou.

a vida planeja os planos do que a traça te levou.

o plano mudou de plano, ou se mudou. ou quem sabe, se embolorou.
a vida – essa entidade rica – tira o que dela sobrou.

o que dela, se retira.
sátira que satiriza?

se atira no olho do riso e do foco, na mira do mapa da mina.

a vida vira,
e trata de curar velhas feridas.
cicatriza mordidas.

mobilidade – involuntária – que agoniza...!?

profundidade que se realiza.

e a vida?
a vida,
tal qual menina rebelde solta a saia em asa na avenida

voou!!!

## life changes life turnout life turns

life changes. life turns.
life turns of.
life turns and changes and wraps everything you ever planted.
life changes. yeah
changes and reborn seed than you ever have watered.
life changes, silent,
sprouts seed that was planted.
the dull life, reground
than never spoke.

life changes the plans that you have outlined.
life traces the role of the plans that you have planned.
life plans to other plans than the moth once has led you.

the plan changed plan, or moved (or who knows, if moth it out).

life - this richest body - takes what's left of it
or what of it, is removed.

satire that spoofs?
she throws herself in the eye of laughter and focus on the mine map of the
lives sights.

life turns,
and it comes to heal old deep wounds.
heals little bites.

mobility – involuntary – that agonizes
depth taking and running place.

is life?

life,
like a loose rebel girl skirt wing on the avenue

flew!!!

Este poema recebeu Menção
Honrosa em 2016 na Federação das
Academias de Letras e Artes do Rio
de Janeiro

## sem borracha

os anos passados
não são apagados
com borracha
ou removedor
de graxa

os anos passados
são costurados
pelo fio invisível
da história

caligrafia da memória

beleza reversa
avesso fotografado
como emblema tatuado

sem tempo e sem hora

## less rubber

past years
are not erased
by rubbers
or using
grease
remover.

past years,
are sewn
by invisible thread
of the story.

memory calligraphy

reverse beauty
photographed
inside out

as palavras secaram.
emudeci
silêncio pleno
caiu
ultima
gota
de um
vocábulo
do meu
deserto
lábio.

secura sem doçura.
frieza leva a loucura

renasço
no
verbo,
ao
avesso.

muda, me mudo
revejo o lampejo do realejo e
permaneço.

## permanecendo, mudo

a única coisa permanente da vida
é a certeza da mudança.

a transformação que está nela contida;
como a árvore cabe na semente minúscula, antes de existir.
até para acabar, ela muda.

e depois vira outra coisa.
e essa coisa, já é outra vida.
percebida ou sentida.

um adubo, um novo material ou nova matéria.
ou coisa etérea.
ou o que seja,
a nova forma dessa nova vida.
que também muda, porque tudo muda enquanto houver fluxo,
chegada e despedida.

e assim vai acontecendo vida afora, a todo o momento e a toda e qualquer hora.

foi um encontro de chuvas
lluvias aluvia
chuva chovia
por dentro e por fora

chovia nas latas, nas gramas
fez lama

chovia nos corpos passantes.
chovia nos perros perdidos pela estrada

chovia num inverno de farewell
bye bye ... so long
rio – santos
mar e céu

choveu todo pranto
do desencanto
da perda do manto
e do mantra do afeto

chovia de cair o céu
choveu de vazar o teto
chovia pelo caminho
choveu pelos cantinhos
choveu tempestade no ninho
chuva de cântaros
chovia pranto

rainning on the road

chuva na praia
céus nublados
nuvens pesadas
com o pesar

do pé na estrada,
ou voo distante
dos pássaros
em direções opostas
correntes de ar
sobrepostas

um encontro do adeus aos seus

chovendo todas as águas
do amor acabado sem pena
lavado de lágrimas de apenas
lavado de banhos de mar
lavado por não amar
nos detalhes
nas calhas
nas valas
lavado dos lugares

águas jorram em gotas
veias 'a mostra
véus e cachoeiras contidas,
da intimidade vista

choveu todos os dias
choveu chuva
chuva sem parar
chuva por dentro e por fora
choveu toda a hora

no pôr do sol e na aurora

choveu em mim e em você
choveu de doer

chovia cá dentro
ao te perder,
dentro de mim

chovia lágrimas de esquecer, você assim

chuva e chovia,
a chuva doía
fez tudo chover
fez tudo doer
lavar e lamber

## wardrobe – guarda-roupas – kleiderschrank

pendurei velhos fantasmas
no armário.
tranquei as portas
apesar da existência
das  frestas.

pendurei as roupas
dos personagens
que não mais represento
ou que habitam
distantes paisagens sonoras.

pendurei o passado e os recados.
pendurei nos cabides

a máscara,
joelheiras,
chuteiras,
e a toalha.
tirei as correntes.
desabotoei os dentes.
cortei as cordas.

reanimei os sentidos. acalmei os ouvidos. olhei através do vidro.

voltei a ser gente,
caminhando leve
e livre e solta, de repente.

## rumo alto da gangorra

uma gangorra, como vês,
cheia de altos e baixos — uma
gangorra emocional. isso acaba
fundindo a cuca de poetas e
sábios e maluquecendo de vez o
homo sapiens.

mario quintana
(gramática da felicidade)

confusa e
machucada
na estrada
na calçada
de veneta
na sarjeta
bem magoada

atropelada

perdi a luneta,
mas abro asas.

## um poema para ser melhor

nada se torna melhor, assim em um dia.

é preciso alçar altos galhos,
saber andar por entre eles
sem o vacilo de um ponto fraco,
afugentando a queda.

também é importante esvaziar bem os bolsos,
limpar velhas moedas, chaves antigas
e pedaços de papéis passados, já amassados.

para se tornar melhor, a gente precisa olhar o que é feio no espelho.
aceitar a imagem da sombra aprendendo a caminhar com ela, e não por ela.
ou aquela.

é preciso derrubar os muros, e sim ajudar quem está em apuros.

viver como se fosse o último dia de uma vida bem vivida,
entre curvas e dores, aromas, ruídos, flores, paladares de infinitos sabores.

já que os prazeres dos sentidos não falham. eles atalham.

levantar do ócio rotineiro de abrir maçanetas e fechar portas,
e sair voando para ver o mundo inteiro.
perceber o que é, de fato um mundo inteiro.
tentar entender gente, ver o que sente.
aquecer o que sente e vê.

para ser melhor, também é importante ser capaz.
saber do que se fala; qual a luta que se faz;
o porquê – e quando – se cala.
aonde mora a fala.

tudo isso se costura e se alinhava, se repete e se recheia,
se arruma e se esperneia.

para ser melhor, a diversidade é essencial.
uma espécie de calada prece vital.
é preciso sonhar alto, tirar o salto e caminhar de pés descalços.

e se tornar melhor, exige travessia do outro lado da margem,
a contabilização de fluxos e paisagens,
o refluxo delirante de um desdobramento sem tempo.
e para ser melhor, precisa também, ser um pouco e tanto sedento.

para ser melhor, não adianta só ser bonita,
usar laço de fita e nem pentear, ou perfumar a tal da juba.
a beleza tem muitas formas, por dentro e por fora.
a atitude ajuda.

o invisível pode brilhar mais do que o lustrado, verniz polido.
tanto faz ou não, o que realmente é só bonito.

a cada passo de se tornar melhor, um degrau é alçado, um joelho é dobrado, e o que ficou para trás, conta ainda muito mais por ligar o que ainda vem pela frente.

curiosamente, a **G**ente **P**ara e **S**ente.

## perdoa

perdoa,
imatura que eu era
e não fazia ideia (de nada)
não sabia tantas coisas
que hoje vejo claramente
como vidro transparente, na minha frente
e me sinto arrrasada
perdoa por não ter sido verdadeiramente grata
como você merecia tantas vezes
perdoa por toda arrogância e cegueira autocentrada
em meus próprios – solos – pensamentos
todos se dissolvem, no vão do vento
perdoa eu demorar a perceber
que você me deu tantos momentos
intensos e maravilhosos,
conforto e experiências
experimentações, construções e vivências
perdoa, eu não era capaz e pronta
para o amor como um todo,
como o amor deve ser e supor,
para ser tão assim em nós, tão amoroso
de um paladar saboroso que
original, nos retira do poço
perdoa quando eu não sabia
que todos os sacrifícios e generosidades
vindos de você, eram para nos trazer felicidades
voos de borboletas azuis e multiplicidades,
amalgamada cumplicidade.
perdoa eu levar tanto tempo
para abrir os olhos sobre tudo e toda
complexa situação que juntos, vivemos
e quase enlouquecemos
perdoa por toda a minha fraqueza
e até mesmo por meus ocos fracassos arrogantes
meus passos diletantes, de um andarilho no inferno de Dante

perdoa por não perdoar você na hora certa
(se é que existe, hora certa no amor)
quando você terminou precisando de mim, bem mais perto
e nada deu certo
perdoa como eu te amei profundamente e tão egoísta,
em viajantes manipulações maniqueístas
que só a cegueira do amor nos injeta
eu não soube abrir meu coração para você ter
sua própria liberdade de ser
perdoa eu não perceber todas as oportunidades maravilhosas
gotas de tempo preciosas
e alegria e graça que compartimos juntos
nos momentos que fizemos
a beleza compartida existir e fluir
perdoa por eu ser sempre tão cheia de auto certezas
de um passado que passa
e insistir estupidez sobre os sentimentos
e entupir razões radicais e teimosias,
tanto fez como tanto faz,
não vai nada mais mudar
nada mesmo vai mudar
o significado real da vida
que precisa ser verdadeiramente
vivida e sentida.

perdoa (por) tudo!

## forgive me

forgive me when i was imature and had no idea

i didn´t realize so many things i may see clearly today

forgive me for not being grateful as you deserved so many times

forgive me for my arrogance and blind self-centered on my own thoughts

forgive me as you gave me so many wonderful moments, confort and experiences

forgive me that i wasn´t able and ready to love as a whole as love is supose to be as loving

forgive me when i did not realize all the sacrificies and generosity coming from you to make us happy

forgive me to take so long to open up my eyes about all this complex situation we did live together

forgive me for all my weakness and even for my arrogant failures

forgive me for not forgiving you at the right time when you needed me closer

forgive me as i loved you so deeply and so selfish, that i didn´t open my heart for you to have your own freedom to be

forgive me that i did not realize all the wonderful oportunities and joy and grace we shared together at the time we did shared beauty

forgive me for being so self-sure and stupid about feelings and reasons and bullshits that did not change the real meaning of life, yeah!

forgive me for all!

calma é minha alma, em um canto.
canta o calar de um poeta.

fala diz, mas não conta.
o que de seus sonhos, cala e encanta.

elabora mirabolantes vertigens e viagens além tempo.

conjuga e não confronta, o que de seus males, espanta.

alma doce e áspera... é como cera lavada,
rocha seca, e
perdura sua rapadura,
em anéis de doçura.

por vezes, borbulha.

pedaços flutuantes
água congelada,
rochas e poeiras,
partículas ou pedaços enormes
anéis da sorte.

conta o que não se diz com palavra,
mas no céu da boca habita. por olhos, transita.

soy alma cálida y templada
na escuridão da noite solitária
sem lua.

canta as calas da poeta no silêncio da
rua sem lua. notas sufocadas na calada.

iluminada incandescente em jornada,
se bem acompanhada, vai a lua na estrada.

conjuga viagens dos satélites por entre anéis de saturno, baile noturno.
entrelaces de luzes e líquidos.

existe, sem pedir passagem.

convive com toda e qualquer

sorte de paisagem.

um beija-flor
bateu em minha porta.

chegou de mansinho,
elipsoidal movimento
sacudindo a brisa
ágil e flutuante
por um momento,
parou o vento.

imenso instante,
constante no pouquinho
de presença
que se chega
em voo de passarinho.

emitiu o bom sinal:
a luz de sua beleza
acalenta,
reluz pura realeza,

como pintura vital,
sua fina delicadeza
em desenho aéreo
pincelou o prisma
das flores,
festejou
bailando desnudo
entre as cores,
metamorfoseando
as dores
das pétalas passadas,
em paz.

celebrando amores

anulando desamores
ou coisas mal amadas

brindando o verão
na explosão
de seus calores
exóticos odores,
beijou-as sorrindo,
se entreabrindo
aos sabores
num sorrisso
caramelo,
arco-íris
de mel.

e assim,
partiu novamente
sem prumo
ao oásis destino,
rumo ao céu.

# tipo particular

cada pessoa
tem um lugar

um beat no dna
original pulsar

iris prisma olhar

cada pessoa
encontra
escolhe
procura

um tipo de cadarço

para dar o laço
ou nó cego no seu passo:

dilema de compasso

*caminho*
nas nuvens a passos soltos

*flutuo*
fluindo em ares de encanto

e no universo,
de quem
só usa sapatos,

gosto de andar de pés descalços.

meu pai foi mapa;
minha mãe rota da estrada.
forever (dna) love!

trago um agradecimento pleno sempre por cada lado que carrego, deles. um pouco de cada. um tanto de tudo de todas as formas, que às vezes nem quero mais, sou de outra geração, mas nem controlo tudo e daí, vem à tona assim mesmo. um pouco e um tanto de cada um dentro de mim. os talentos. as certezas. as angústias e as dúvidas. gostos e prazeres. e os pais deles. meus avós. e assim mais quatro deles, além dos dois que já sou dentro de mim. e eu mesmo, nem me sei. sei tão pouco que tantas vezes sou quem nem me conheço. sou ancestrais, em atos banais. gestos. manias e jeitinhos que adoro e nem sei por quê, mas faço com prazer. uns dizem atávico. outros dna. alguns pensam ser coisa do espírito. seja o que for, existe e está lá. energia. sintonia. eles são habitantes aqui dentro e sei que respiro e penso com os impulsos deles que carrego, e que misturados me fazem único. sim, avós dos avós e avós e nossos pais... somos o que somos por dentro e juntos e misturados na célula e no abraço. temos origem, afeto, gestos e laço. temos um dna, compasso. e nada nessa vida é por acaso.
com amor para cada um, cada uno, que faz parte dessa grande árvore da família que me dá origem. aos nunca antes encontrados, mas antes de mim gerados. a cada ponto do universo do que foi vivenciado. ava, ave, auguri, evoé, cheers, salut, amém, maktub, nam mioho rengue kyo, shalom, aleluia, ase, saravá, om, yeahhh... oba!

1 2 3 5 7

## reta ou torta a estrada é a porta

eu nunca fui famosa
como o caetano
ou a fernanda abreu
e nem super conhecida em
nova iorque como o vicky muniz,
e muito menos fui ou sou
uma boa de uma atriz.
não tive a chance de tentar
a vida num cabaré,
perdi a fila de ter o
padrinho rei pelé,
e ainda assim meu
caminho não se perdeu.
sofri descalça na calçada,
bati o pé na estrada,
comi sopinha de letrinhas
e o pão que deus me deu.
e pela lateral, saí do carnaval
e dancei na chuva de sombrinha.
fiz zigue zague perdi
no embate embora o
ganho fosse o que tinha que ser.
subi no degrau, segui o
santo graal e dei uma
reviravolta de olé!
essa estrada reta ou
torta não é da
angelina, nem da vizinha,
mas sim, é a minha.

paulo caruso

Poeta, artista, autora de livros, webwriter e colunista, professora e escritora. Sem pré-muros, pré-rumos ou pré-concebidas respostas, para dialogar com o imponderável.

**Artista**

Designer e diretora de arte. Curadora de exposições de poesia e arte visual, ou digital. Criou projetos de grafite-poemas-fotos e de multimídia poesia, na Casa das Rosas, São Paulo. As atividades visuais incluem direção de arte e criação de cenário, figurino, visagismo para cinema, filmes publicitários, 16mm / 35 mm, televisão e produções independentes desde 1990. Realizou 60 espetáculos em 27 anos de teatro. Sendo 20 deles nos EUA, na Califórnia. Recebeu os prêmios APCA, Apetesp e Mambembe. Em Londres, cursou "Costume Design History "no Victoria & Albert Museum. Aprendeu cenografia na 1ATV, em Berlim, Alemanha. Criou para mais de 20 filmes, sendo curtas, publicidade ou longa. O longa-metragem "Apnéia" de Maurício Eça - onde foi da equipe de arte em 2014 - ganhou o prêmio "World Cinema Directing Award" no Festival de Amsterdã, 2015.Leciona na Pós-graduação de Direção de Arte em Cinema, TV e Vídeo, na Universidade Belas Artes de São Paulo.

**Escritora**

Publicou dezoito livros autorais. São antologias, poesia, arte-educação: teatro e artes. E seis livros infantis, com design de livro-brinquedo e exposições de suas ilustrações na Itália, Holanda e Alemanha. Ganhou o Prêmio Jabuti - CBL – aos 21 anos, e é citada no "Dicionário de Literatura Infantil & Juvenil Brasileiro", de Nelly Novaes Coelho, como autora. Escreve em websites e blogs desde 1998 e foi colunista de artes visuais, teatro e literatura. Como poeta, participou de leituras, eventos e saraus por onde viveu.

2000 A Arte em Todos os Sentidos, livro didático para ensino médio; adotado pelo MEC, Ed.do Brasil, SP
2002 Antologia Poetrix, MIP,Movimento Internacional Poetrix. Salvador, Bahia
2004 Antologia Letras del Desamor, bilíngue com 70 autores de 16 países: Argentina, Cuba, Japão, Portugal.
2004 Prêmio-Estatueta "O Amigo" em Portugal, por sua poesia "Mirar Miro", no concurso de rádio.
2005 Íris Digital Poesy (a), livro solo de poesia. Editora Escrituras, São Paulo
2006 Antologia Anjos de Prata, turma de escritores da oficina Mário Prata, São Paulo
2006 Exposição Sprays Poéticos Casa das Rosas. Concepção e curadoria em parceria com Ricardo Carneiro. Viajou para o Dragão do Mar, Fortaleza e Austrália no StencilART Festival
2007 Brava Gente Brasileira Em Terras Estrangeiras" vol.II, premio Brazilian International Press Award da UBE-NY
2007 LITQUAKE Festival, tributo à Allen Ginberg e os Beatniks. Poeta brasileira representante em San Francisco.
2008 Antologia Letras de Babel, Movimento ABRACE Montevidéo, Uruguay
2008 Antologia Poética Digital, Saciedade dos Poetas Vivos, e-book vol. 6", org. de Leila Miccolis
2009 Antologia Rapsódias, Movimento ABRACE Montevidéo, Uruguay
2010 Exposição POEMAPAULICEIAIMAGEMPLATEIA. Concepção e curadoria do conceito-manifesto de poesia digital coletiva, em vídeo-antologia. Uma trilogia poética multimídia de imagem, som e texto em movimentos de flash in motion nos Vídeo-poemas. A criação VERBIVOCOVISUAL. Casa das Rosas, SP
2011 Exposição Roupa de Domingo - poeta e designer, mix de poesia e moda, com instalações artísticas e fotografia, Casa das Rosas
2013 Antologia Dell Secch, organização da Universidade de Vassouras, RJ
2016 Antologia Senhoras Obscenas, movimento de literatura feminina, canal de vídeos das poetas no You Tube
2016 Prêmio ACIMA no Salone Internazionale Del Libro Di Torino, Itália, texto infantil "A Beija-Flor e O Girassol"
2016 Prêmio Menção Honrosa em Poesia por "A Vida Muda" premiada no Concurso Literário da ALARP, FALARJ, Federação das Academias de Literatura e Artes no Rio de Janeiro
2017 A Beija Flor e o Girassol, livro infantil, ilustrações de Luis San Vicente (México), Editora do Brasil, São Paulo
2017 Juri do Premio São Paulo de Literatura - 10 anos - SP Leituras

www.laranjaoriginal.com.br

edição Clara Baccarin, Germana Zanettini e Filipe Moreau
produção executiva Gabriel Mayor
capa e projeto gráfico Guto Lacaz
editoração eletrônica Well Souza
finalização Lívia Consentino L. Pereira
caricatura Paulo Caruso
Fotografia Marcelo Navarro
Street Art - Grafites Celso Gitahy - pgs. 21 / 67 / 121
Simone Siss - pgs. 81 / 86
Bete Nóbrega - pgs. 98 / 99
Ilustrações (2x) Guto Lacaz - pgs. 54 / 93
Revisão Inglês Brian Gruber (*)
(* ) Os textos em inglês são versões da autora para seus poemas originais em português.

Dados Internacionais de Catalogação na Publicação (CIP)
(Câmara Brasileira do Livro, SP, Brasil)

---

Andrade, Paula Valéria
Amores, líquidos e cenas / Paula Valéria Andrade. -- 1. ed. -- São Paulo : Laranja Original, 2017.

ISBN 978-85-92875-24-4

1. Poesia brasileira I. Título.

17-10276 CDD-869.1

---

Índices para catálogo sistemático:
1. Poesia : Literatura brasileira 869.1

50 voltas em torno do Sol
completam neste verão,
o nascer da poeta em Julho:
flor-de-cimento.

impresso em fonte light Futura e Helvetica
sobre papel couchê
gráfica Forma Certa
verão de dois mil e dezessete